Odile Lamourère

Caderno de exercícios e
dicas para fazer amigos e ampliar suas relações

Ilustrações de Jean Augagneur

Tradução de Stephania Matousek

EDITORA VOZES
Petrópolis

© Éditions Jouvence, 2011
Chemin du Guillon 20
Case 184
CH-1233 — Bernex
http://www.editions-jouvence.com
info@editions-jouvence.com

Título do original em francês: *Petit cahier d'exercices et astuces pour se faire des ami(e)s et développer ses relations*

Direitos de publicação em língua portuguesa — Brasil:
2013, Editora Vozes Ltda.
Rua Frei Luís, 100
25689-900 Petrópolis, RJ
www.vozes.com.br
Brasil

Todos os direitos reservados. Nenhuma parte desta obra poderá ser reproduzida ou transmitida por qualquer forma e/ou quaisquer meios (eletrônico ou mecânico, incluindo fotocópia e gravação) ou arquivada em qualquer sistema ou banco de dados sem permissão escrita da editora.

CONSELHO EDITORIAL

Diretor
Gilberto Gonçalves Garcia

Editores
Aline dos Santos Carneiro
Edrian Josué Pasini
Marilac Loraine Oleniki
Welder Lancieri Marchini

Conselheiros
Francisco Morás
Ludovico Garmus
Teobaldo Heidemann
Volney J. Berkenbrock

Secretário executivo
João Batista Kreuch

Editoração: Rachel Fernandes
Projeto gráfico: Éditions Jouvence
Arte-finalização: Lara Kuebler
Capa/ilustrações: Jean Augagneur
Arte-finalização: Carlos Felipe de Araújo

ISBN 978-85-326-4497-8 (Brasil)
ISBN 978-2-88353-932-7 (Suíça)

Editado conforme o novo acordo ortográfico.

Este livro foi composto e impresso pela Editora Vozes Ltda.

Dados Internacionais de Catalogação na Publicação (CIP)
(Câmara Brasileira do Livro, SP, Brasil)

Lamourère, Odile
    Caderno de exercícios e dicas para fazer amigos e ampliar suas relações / Odile Lamourère ; ilustrações de Jean Augagneur ; tradução de Stephania Matousek. 2. ed. — Petrópolis, RJ : Vozes, 2014. — (Coleção Cadernos — Praticando o Bem-estar)

    Título original : Petit cahier d'exercices et astuces pour se faire des ami(e)s et développer ses relations
    Bibliografia.

    4ª reimpressão, 2020.

    ISBN 978-85-326-4497-8

    1. Amizade   2. Relações interpessoais
I. Augagneur, Jean.   II. Título.   III. Série.

12-14972   CDD-158.2

Índices para catálogo sistemático:
1. Amizade : Relações interpessoais :
Psicologia aplicada   158.2

I. Estabelecer relações e comunicar-se melhor

Ter uma vida social é indispensável para o equilíbrio.

Só consegue isso quem sabe **estabelecer relações, das quais algumas se tornam amizades ou... namoros.**

Muitos têm a sorte de saber criar e manter amizades, outros reclamam de solidão e mesmo de isolamento. Os mais favorecidos, frequentemente, cresceram num meio sociável e interiorizaram o mecanismo ao se tornarem adultos. Para os tímidos, solitários, aqueles que modificaram sua situação familiar ou o lugar onde moram, são necessários algumas dicas e um programa. Eu sugiro que cada um instaure e desenvolva os elementos indispensáveis para atrair amizades. Por meio de exercícios fáceis e lúdicos, é possível nunca mais ficar deprimido às vésperas de um final de semana melancólico e solitário.

Nós vamos percorrer esse caminho, atravessando as seguintes etapas:

- Conhecer seus pontos fortes para ter confiança em si mesmo(a) e se livrar de uma timidez juvenil.

- Valorizá-los, saber que você merece que os outros queiram conhecer a sua personalidade e deixar isso claro.

- Observar, descobrir e ampliar suas áreas de interesse e seus projetos, a fim de despertar simpatia nos outros.

- Refletir: com que pessoas você deseja se comunicar e sair.

- Identificar onde e como encontrar tais pessoas.

- Procurar e selecionar: é mais simples fazer amizade com pessoas que estejam em sintonia com você, que tenham os mesmos valores e perspectivas.

- Depois de analisar esses critérios, ficará fácil encontrar os lugares: clubes, associações e organismos que elas frequentam.

- Cultivar as amizades.

Seus trunfos, seus pontos fortes

Como abordar os outros, meros desconhecidos, sem medo e de modo descontraído?

Difícil ficar à vontade nesse tipo de situação quando se é « tímido ».

É por isso que, antes de se pôr a caminho rumo às amizades, eu sugiro alguns exercícios preliminares.

Exercício: Confiar em si mesmo(a)

Este exercício permite descobrir e ampliar seus trunfos. Não se trata de lisonja, nem complacência, mas sim lucidez.

- O que lhe poderia dar vontade de encontrar você mesmo(a)? (duração: uns 10 minutos).

HUM, NO MEU LUGAR, EU ME CONVIDARIA PARA TOMAR UM DRINQUE!

Tente se duplicar, observar a si mesmo(a) e desvendar as qualidades que lhe dão vontade de abordar o personagem que você imagina que está à sua frente. Você pode se olhar no espelho, sem prestar atenção à silhueta, mas sim ao comportamento, sorriso, gestos etc.

Parabéns àqueles que tiverem encontrado rapidinho pelo menos 5 qualidades.

Proposição A (opinião sobre os outros, para ajudar nesse exercício):

- O que os meus amigos, aqueles de quem eu gosto, têm para que eu ande em companhia e goste deles?
- O amigo perfeito: quem é ele? O que ele me traz de positivo?
- Aquele amigo que é cheio de amigos... O que ele tem que eu não tenho?
- Será que eu já não possuo esses pontos fortes? Será que eu não poderia adquiri-los?

Se você não tiver nenhuma ideia depois de 10 minutos:
Pense nas pessoas que já lhe deram parabéns ou disseram coisas afáveis: uma avó, um professor, um(a) parceiro(a) amoroso(a) (fora lisonja/sedução). Talvez você precise voltar no tempo ou questionar seus amigos: por que você gosta da minha companhia? O que eu acrescento a um grupo quando você me convida para sair?

Se a sua imaginação estiver em pane ou se você não se conhece bem, veja a seguir algumas sugestões. Cabe a você preencher os post-it vazios.

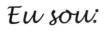

Eu sou:

- Acolhedor, Sorridente.
- Discreto com confidências. Tolerante sem fazer juízo de valor.
- Carinhoso. Geralmente descontraído.
- Construtivo (estou sempre fazendo projetos). Aberto, disposto a dialogar mesmo discordando.
- Enérgico. Atencioso (mas não à disposição dos outros).
- Otimista, jovial (capaz de criar uma boa atmosfera).
- Sociável, solidário em caso de problema (mas não um santo irrepreensível).
- Alguém que sabe escutar os outros, leal.

Pode ser que, depois deste exercício, você acabe encontrando outras qualidades positivas. **Anote-as!**

Parabéns! Cole esses « post-it de autoconfiança » bem à vista na sua casa para tê-los sempre em mente.

Proposição B: A opinião dos outros

Imagine um cômodo; por exemplo, uma sala, na qual você está ausente, mas onde alguns personagens estão conversando sobre você. Que características eles estão citando?

-
-
-
-

Em seguida, releia esses adjetivos e transforme de forma positiva aqueles que não elogiam você.
Exemplos:

- Cheio(a) de si: sabe tomar decisões, liderar uma equipe, adotar e colocar em prática valores pessoais importantes em termos humanos.
- Superficial: torna as conversas mais leves, não dramatiza, guarda seus sentimentos para os amigos íntimos, em particular.
- Tagarela: extrovertido(a), gosta de trocar ideias e dialogar.
- Tímido(a): é calmo(a), reservado(a), mas se interessa pelos outros (o exercício anterior ajuda você a se lembrar das suas qualidades).

-
-
-
-

E, se alguns adjetivos desagradáveis lhe parecerem fundamentados, é hora de se observar e talvez mudar, não é? É impossível mudar sua natureza profunda, mas sempre é possível modificar seu comportamento.

Observe também de quem vêm esses comentários e as razões de expressá-los a seu respeito.

Pode acontecer que « a imagem que eu passo tenha sido criada pelos outros... » (cf. os exercícios mais adiante).

II. Um pouco de expressão corporal

A linguagem gestual é, no mínimo, tão importante quanto a verbal. Ficar mudo(a), sem expressão nem sorriso, raramente deixa os outros com vontade de se aproximar.

Exemplo de mal-entendido:

Ser abordado(a) por aquele(a) com quem você não teria vontade de estabelecer contato. Enquanto que um sorriso para aquele(a) que você gostaria de conhecer melhor permitiria que ele(a) se aproximasse de você.

É importante se sentir confortável em suas roupas. Não escolha peças apertadas demais, mas sim agradáveis de ver, sem serem sugestivas. O essencial é que você se sinta satisfeito(a) ao se olhar no espelho antes de sair.

Entrada em cena:

Adote um jeito de andar descontraído, relaxado; algumas sessões de expressão corporal podem ajudar. Olhe sempre os outros nos olhos, estendendo-lhes a mão e falando com eles. Pessoas que desviam o olhar sempre dão uma impressão incômoda. Chegue calmamente ao local onde estão os outros, não tem por que ter pressa.

Dê uma olhada panorâmica, não de modo inquiridor, mas apenas observando atentamente.

III. Torne-se O AUTOR DA SUA PRÓPRIA HISTÓRIA, do seu futuro

Faça um balanço das influências – ou mesmo manipulações – sofridas (inclusive antigamente: família, parceiros, amigos falsos etc.).

Face A

O que me disseram de negativo quando eu era criança, na escola ou em casa:

- O que eu costumava escutar?
- Em que eu acreditei?
- Por que eu passei essa imagem? Que vantagem ela me trazia?
- Como aqueles comentários podem me ajudar? O que eles me ensinam sobre mim mesmo(a)?
- O que eu nego e o que eu tenho ou poderia modificar?
- O que **parece** errado: de quem vem essa ideia e por que justamente tal ideia? Em que circunstâncias?
- Qual seria o objetivo dos autores dessa ideia?

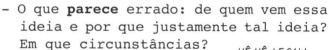

Agora você é adulto(a). Lamentações tardias do tipo « Ah! Se eu soubesse disso antes... » são inúteis e causam mais remorsos do que (boas) lembranças.

Todos nós apresentamos trunfos (e fraquezas) capazes de deixar os outros com vontade de nos conhecer.

Uma vez os trunfos identificados (e expostos), deve-se discernir quem tem vontade de conhecer você e saber dar ou não o seu aval.

De agora em diante, VOCÊ VAI construir a sua vida com amigos escolhidos por você e com uma grande alegria: a de ser responsável pelo círculo social que você vai criar.

Aproxime-se daqueles que só estão esperando por isso; se alguns deles se retraírem, é porque têm ainda mais dificuldade do que você para se comunicar. Não fique chatead(a) com eles, não diga que ficou ofendid(a) e, sobretudo, não se desvalorize por isso. É problema deles...

Trunfos em mente. Para começar com vantagem

Reserve um momentinho para se lembrar, alguns deles lhe serão de grande utilidade. Busque em suas relações de ontem ou de hoje, com avós, professores, amigos, namoros, frases que ajudaram você:

- Algumas palavras de cumplicidade: quem? Onde? Como?
- Um ou vários olhares solidários: quem?
- Termos valorizadores: quem?
- Uma frase positiva e suscitando um maior bem-estar: quem?
- Palavras que aceleraram uma mudança para melhor: quem?

Esse exercício pode ser feito em vários dias, pois « as lembranças vêm e vão »... Procure bem: uma evocação e uma recordação levam a outras.

Anote-as, guarde-as na memória, pense nas pessoas que lhe disseram aquilo: todas elas queriam o seu bem, mesmo que tenham estado de passagem em sua vida.

São « ajudas para viver » e as razões pelas quais você merece estar cercado(a) por bons amigos.

Face B

Agora, olhe as frases e comentários que, desde a sua infância, tiveram tendência a desvalorizar, rebaixar você. Anote-os numa folha e jogue-os no lixo. São freios provenientes de pessoas mal-intencionadas, de mal consigo mesmas, falsos amigos. Isso se deve a razões que dizem respeito somente a elas, e não a você.

Outras formas de ser um amigo para si mesmo e para fazer amigos

(Que comportamento alheio com relação a você já lhe fez bem):

- Um gesto amigável. Que gesto?
- Um firme bom-dia com um olhar sincero face a face.
- Uma frase diferente de: « Tudo bem? »
- Invente uma fórmula diferente para os seus futuros amigos (um convite para jantar, por exemplo).
- Outras frases: Seja criativo(a). Faça bem a si mesmo(a). E aborde os outros da maneira como você gostaria de ser abordado(a).

Alguns exemplos eloquentes:
- « Se me sinto isolado(a) num grupo, eu gosto quando alguém se aproxima de mim com um sorriso » (tente fazer o mesmo com uma pessoa que pareça bastante reservada num canto).
- « Que não me perguntem as horas, mas, em vez disso, que me digam por que estamos reunidos e que me deixem à vontade para conversar sobre um assunto em comum. »

Já é um bom começo. E, portanto, já pode ser posto em prática...
Todas essas atenções são presentes que você merece. E deve receber e oferecer.

Resolução para se colar num lugar bem visível (espelho do banheiro, hall):

« Aqueles que passam por mim sem me ver não sabem o que estão perdendo... »

e:
- Eu sou gente boa porque:

....

....

- Se eu me encontrasse, eu sairia comigo porque:

....

....

Após esses exercícios, você terá uma boa bagagem para compartilhar.
É hora de falar sobre a forma como você vai receber os seus futuros amigos, oferecendo, em especial, um ambiente agradável e eterno bom humor.

IV. PONTO DE LARGADA:
Busca de contatos e amizades

Primeiro:

Para receber futuros amigos é recomendável manter um « ambiente interior » limpo e aconchegante, onde os outros tenham vontade de morar e onde eles queiram voltar...

Isso significa tanto ter uma saúde e/ou aparência física e mental que faça os outros desejarem se aproximar de você quanto apresentar um apartamento bem-arrumado, claro e alegre, que dê vontade de visitá-lo.

Você procuraria um amigo rabugento, desmazelado, que só ficasse falando sobre seu divórcio e se lamentando?

Para não se assemelhar a essa caricatura, veja a seguir algumas sugestões:

- **Anote tudo o que deixa você de bom humor antes de receber na sua casa.**

  - Enquanto estou me vestindo, eu coloco o meu CD preferido para tocar.
  - Eu não atendo o telefone, caso seja alguém inoportuno.
  - Um banho de espuma, uma sessão de relaxamento.
  - Eu não arrumo nem limpo a casa de última hora.
  - É inútil fazer uma faxina geral que me deixe morto(a) de cansaço: o meu sorriso vale mais do que um chão encerado ou cheiro de água sanitária.

- **Prepare alguns assuntos de conversa animados. Faça uma lista de projetos que empolguem você, sejam eles quais forem. É permitido pensar em algo extravagante.**

  - Por que não um itinerário pela Itália ou em outro lugar, conforme os seus desejos?
  - Navegue na internet, esse tipo de projeto com certeza interessa outras pessoas. E, quem sabe, algumas delas talvez deem preciosas informações.
  - Inscreva-se em conferências, grupos de discussão, ateliê de dança, grupo de leitura, de escrita... Informe-se para poder conversar facilmente sobre o tema. Sempre é interessante escutar pessoas que se projetam no futuro. Peça também opiniões e comentários aos outros, para que eles se sintam envolvidos.

- **Lembre e anote o que você queria fazer quando era adolescente, mas nunca teve a oportunidade.**

- **Escreva o que você gostaria de aprender, descobrir: encadernação artesanal, viagens, cerâmica, desenho, fotografia, países (faça uma lista). Fale sobre isso ao seu redor, expresse-se, pois os outros podem trazer bons conselhos.**

« Quesito casa »

Não se esqueça de deixar o seu lar nos trinques.

Jogue fora aquelas velhas quinquilharias que não servem mais para nada, renove suas almofadas ou suas poltronas, se for o caso, dê um colorido na sua decoração, acrescente alguns pôsteres (ou então telas de mestres). Um arzinho primaveril vai fazer bem para as visitas e também para você.

Qualquer um terá o maior prazer em entrar na sua casa. Cabe a você escolher quem terá direito a tanto prazer.

Substitua os retratos e fotos já amarelados por paisagens deslumbrantes e/ou repousantes: vistas de desertos luminosos, lagos, árvores. Procure o que lhe faz bem, seus tons e imagens preferidos, para que, ao entrarem na sua casa, os amigos se sintam bem, tranquilos, abertos.

Cuidado com os perfumes de ambiente, pois alguns podem incomodar. Um leve aromatizador de água de lavanda no hall é suficiente. Plantas são banais, mas, arranjadas no lugar certo, podem dar um toque a mais num canto vazio. Coloque um pouco de senso de humor, arrume um desenho engraçado.

A iluminação é igualmente muito importante. Alguns abajures espalhados, com iluminação suave, são mais conviviais do que um lustre central. O seu ambiente interior não é um museu e nem um quarto de hospital — ele deve refletir a sua personalidade. Alguns livros e discos dispostos aqui e ali devem permitir que os recém-chegados entendam um pouco sobre você e/ou se interessem por você.

E por que não explorar o Feng Shui?

Ele é uma maneira de favorecer a saúde, o bem-estar e a prosperidade dos ocupantes de um apartamento. Trata-se de uma das artes **taoístas**, assim como a **medicina chinesa tradicional**.

Não esqueça o cantinho do banheiro, onde tudo é permitido: pôsteres, revistas e mesmo... papel higiênico. Alguns papéis são mais criativos do que outros...

Senso de humor é bem-vindo!

Então, a partir de agora você está pront(a) para construir uma rede social promissora: a sua!

Ser cercado e estimado por um grupo necessita menos um **look** arrasador do que a arte de uma conversa estimulante. Tudo o que você disser sobre a sua alegria de viver só vai animar as pessoas ao seu redor e lhes dar vontade de conhecê-lo(a) melhor.

Projetos são portadores de esperança e dinamismo – sua força é contagiosa! Ao seu lado **e na sua casa**, todos se sentirão bem, e você terá apenas de escolher quem fará parte do seu círculo de amigos!

V. Lugares onde fazer amigos?

Você agora está pronto(a) para buscar convivialidade.

Tudo em você e ao seu redor dá vontade de conhecê-lo(a). Você já pode se pôr a caminho... mas em que direção?

Ao contrário do que frequentemente se diz, há cada vez mais lugares onde encontrar pessoas e, a partir daí, fazer amigos.

Liste na sua cidade ou na cidade mais próxima:

- Todos os lugares conviviais e conformes às suas áreas de interesse. Existe atualmente um grande número de clubes, associações e cada vez mais websites (gratuitos) onde é possível fazer amigos (cf. as mais diversas redes sociais). Nesses sites, abertos a todo tipo de pessoa, os membros entram diretamente em contato uns com os outros, em salas de bate-papo ou páginas pessoais. Cabe a você escolher e também sugerir temas ou atividades que goste: fotos, viagens, jogos, esporte, teatro amador, dança, caminhada, canto, coral, clube de leitura ou escrita etc.

- Todos os centros de conferências, contanto que haja um debate **em seguida**. Muitos festivais (cinema, música, livro, teatro...) oferecem palestras. Cada vez mais salas de cinema chamam os diretores para falarem sobre seus filmes e debaterem com o público, o que favorece as trocas de ideias em seguida e/ou na saída.
- Todos os ateliês e *workshops* de áreas que aguçam a sua curiosidade e poderiam também ajudar você a ficar mais sociável (cursos de autoconfiança, arte de falar em público etc.).

IMPORTANTE: Não deixe nada ao acaso: antes de identificar os lugares e as atividades, liste ou releia aquilo que o(a) interessa na vida, com o que você sonha desde criancinha, que você não ousa fazer, mas que agora está ao alcance de suas mãos (cf. preliminares, p. 20).

Nesses lugares, estão presentes afinidades que aproximam as pessoas como se fossem « trampolins de contato ».

Após cada atividade, não se esqueça de convidar (se o organizador não o fizer) os outros para um drinque juntos.

Ninguém tomou a iniciativa ainda? Seja aquele ou aquela que vai tomar, os outros lhe agradecerão.

Não há nada mais triste do que um grupo em que cada um volta para casa sem ter trocado algumas palavras para se apresentar. Seja o(a) « promotor(a) » dessa ideia, dê o seu cartão de visita a quem lhe parecer simpático, faça circular uma lista de nomes e contatos dos participantes.

É muito fácil ficar reclamando de falta de diálogo enquanto não fazemos nada para instaurar um!

Há atualmente uma enorme quantidade de plataformas de encontros possíveis, cabe a você suscitar convivialidade para formar um círculo afetuoso em torno de si.

AH, VOCÊ DE NOVO

Objetivo: nunca mais se deplorar, principalmente na sexta-feira à noite, antes de um final de semana sem vida nem diálogo.

Ainda se veem muitos homens e mulheres lamentando, sozinhos na frente da televisão, não terem sido capazes de prolongar uma atividade com um drinque num barzinho ou um projeto de reencontro.

Relacionar-se é viver.

VI. Atividades e encontros: o dia « D »

19

Você já escolheu então a sua primeira atividade ou evento e, como muitos, não conhece ninguém. Se estiver ansioso(a), é um bom sinal – essa energia é indispensável para uma bela entrada em cena e dá asas face ao público.

Tenha em mente todas as preliminares dos exercícios anteriores:

Preliminar 1
Seus trunfos:
Lembre-se de tudo o que já lhe disseram de bom ou bonito a seu respeito (talvez você já tenha anotado algo ao fazer o nosso teste, p. 10). Você tem confiança em si mesmo(a), pois sabe que possui a centelha que vai permitir que os outros se aproximem e gostem de você.

Preliminar 2
Tomar a palavra:
Fale sobre as suas áreas de interesse passadas ou presentes, tudo o que compõe a sua personalidade ativa em termos de lazer. Evocando aquilo de que gosta, você adquire vivacidade e se mostra vibrante, e aí tudo se anima. Os outros passam a observar e admirar você.
Ondas positivas se transmitem e atraem mais do que um corte de cabelo impecável ou um par de sapatos novos...
Não fique nem exageradamente entusiasmado(a) e nem com a cabeça encolhida entre os ombros. O simples fato de evocar um filme faz com que circulem emoções e alguns rostos se iluminem. É contagioso: todos escutam, respondem. Cria-se uma atmosfera alegre.

- Eu me chamo Cristina. Que tal se a gente se apresentar um por um?
- Que bom estarmos reunidos. Eu vim aqui para ...., e vocês?
- Eu não estou muito à vontade, porque é a primeira vez que eu venho aqui, espero que possamos nos conhecer melhor. Eu sou a Cristina... (Excelente para quebrar o gelo, pois todo o mundo pensa o mesmo sem ter coragem de dizer).

Observe também ao seu redor quem se expressa e como, mas não deixe ninguém jogar você para escanteio. Escute e dê continuação ao assunto.

Não caia na armadilha dos clássicos fenômenos de grupo:

- O tristonho que tenta monopolizar todas as atenções com suas queixas.
- Mas por que raios eu escolhi a mesa ou a cadeira perto dessa pessoa?
- O narcisista que fala pelos cotovelos e acaba tomando o lugar dos outros.
- O engraçadinho que é meio « mala »...

Prepare a sua reação a fim de dar uma guinada na conversa, para o prazer de todos.

Exemplo:
Àquele que fala de modo exaltado:
- Eu gosto da forma como você apresenta as coisas, mas você não acha que...?

Dirigindo-se a outro interlocutor:
- E você? O que acha disso?

Para despertar o interesse daqueles que já estão quase dormindo:
- Eu concordo, mas que tal perguntar a opinião de cada um?

Àquele que nem respira enquanto fala; não hesite em interrompê-lo, sobretudo se você perceber que ele está « estragando » o clima:
- Me dá um lugarzinho entre duas frases?

Ao engraçadinho de plantão, o revide:
- Rir faz muito bem mesmo. Você conhece a história do ....?

E, se você realmente ainda estiver sem graça, diga a verdade com um sorriso. O mal-estar se evapora quando o expressamos – isso vai descontrair a atmosfera e criar uma solidariedade dizendo o que todos estão sentindo. Só vai faltar rir disso juntos sugerindo uma brincadeira (cf. mais adiante as brincadeiras de alto astral):

Exemplo:

Adivinhem a profissão de cada um, os lugares de residência, o estilo de férias preferido etc.

Esse tipo de exercício lúdico e leve evita discussões muito menos alegres sobre um recente divórcio, o custo de vida ou outros assuntos estraga-prazeres.

Redescubra o seu lado criança (não tem idade para isso), e as suas sugestões farão de você a estrela simpática da festa.

. . . .

. . . .

. . . .

. . . .

. . . .

. . . .

VII. Estabelecimento das relações

Atividades e repertório de contatos:

Perseverando numa dezena de atividades diferentes, você deve acabar reunindo vários nomes de pessoas a quem você manifestou que prazer teria em revê-las.

Compartilhando encontros e ateliês, você conseguiu identificar quem talvez serão seus(uas) futuros(as) amigos(as) e anotou num caderninho as pessoas que você acha importante rever. (Por que não desenhar uma ou duas estrelinhas discretas de acordo com o grau de interesse?)

Objetivo: cercar-se de gente, dialogar, rir junto e talvez se apaixonar

O seu repertório rapidamente vai conter dezenas de telefones e e-mails legais. Cabe a você convidar aqueles que lhe agradaram e com os quais você teve mais afinidade para um encontro na sua casa ou num barzinho calmo e aconchegante. O caminho está trilhado: você não tem mais medo e se tornou sociável graças a muitos exercícios e audácia!

> *PARABÉNS, o Futuro é todo seu, você tem todas as cartas na manga, agora é hora de entrar na chuva para se molhar!*

VIII. Amigos: quem e por quê?

Teste para definir bem o objetivo: necessidades afetivas e vida social

Numere por ordem de prioridade o tipo de relação que mais faz falta à sua vida atual:

☐ Comunicação verbal, troca de ideias, confronto de opiniões.

☐ Debates sobre temas essenciais para você.

☐ Calor humano, cumplicidade, compreensão, um ombro amigo.

☐ Participação em atividades, passeios e lazeres junto com outras pessoas.

☐ Projetos em comum, finais de semana, férias.

☐ Solidariedade: mesma posição, geração, situação de família, ajuda com filhos, valores compartilhados etc.

☐ Outros.

Essas necessidades de laços são legítimas, e satisfazê-las proporciona equilíbrio.

Eu sugiro que você tente se lembrar das pessoas que (a) satisfizeram no passado e das que (a) satisfazem no momento presente. Talvez você não tenha pensado nelas. Saber que em torno de nós há relações benéficas realmente contribui para a nossa segurança interior.

Colocar tudo isso em dia permite buscar companhia na direção certa.

Pregue a frase ao lado num lugar visível.

Para interessar os outros é melhor ter uma vida interessante e falar sobre ela.

Revisão geral:

Estranho como usamos aquela expressão conotada negativamente « querer aparecer » para repreender certas crianças. Quer coisa melhor do que aparecer, em vez de ficar nas sombras, parecer interessante ao seu redor, escutar aqueles que têm uma vida interessante?

Há dois tipos de pessoas no mundo: aquelas de quem temos vontade de nos aproximar... e as outras.

Há aquelas que atraem e aquelas que dão vontade de se afastar.

É melhor estar no grupo das primeiras.

Todos nós possuímos dentro de si uma centelha a ser revelada.

Basta descobri-la, torná-la visível para ver os olhos brilharem e despertar a vontade de ser abordad(a).

Outras sugestões e elementos importantes para ter confiança e constituir um bom círculo:

– Sorriso:

Quando não se quer ter um ar de beato ou bobo, é inútil sorrir sozinho. Em vez disso, encontre aquele(a) que vai animar você. Mesmo um rosto austero se ilumina assim que toma a palavra.

Tente se aproximar de um interlocutor a fim de lhe mostrar o outro lado de uma aparência rígida. Lembre-se de que os outros estão só esperando uma palavra ou sorriso para sair de sua solidão e silêncio. Nós sempre temos uma pergunta a fazer, uma sensação (positiva) a exprimir, um projeto a evocar, permitindo que as pessoas ao redor descubram o melhor de nós mesmos. Tudo passa a ser mais claro e parece fácil. Dirija-se sobretudo àqueles(as) que dão sinal verde, e não vermelho, sorrindo para eles(as).

– Desde que você fez a lista das coisas que (a) deixam feliz, a alegria de viver deve estar presente.

Todos preferem aqueles que se expressam com alegria àqueles que manifestam ressentimento ou pessimismo (é óbvio). Escolha o seu lado.

Fale sobre os aspectos positivos da sua vida, seus gostos, paixões, viagens, projetos, de modo a provocar trocas de ideias. Quanto mais a sua vida for rica em experiências e áreas de interesse, mais os outros vão gostar da sua conversa.

Gostar de viver e ocupar de forma positiva o seu tempo livre é uma regra de bem-estar que se deve respeitar para si mesmo em primeiro lugar... e que atrai amigos.

Conselho

Se você não estiver super em forma antes de sair, siga a receita mágica: banho de espuma, músicas preferidas, telefonema a uma amiga ou amigo animado que saiba como deixar você empolgad(a), relaxamento, cochilinho, ou então fique em casa, amanhã você se sentirá melhor. Não há nada pior do que se forçar e sair de má vontade. A pressa é inimiga da perfeição. Amanhã será um novo dia.

IX. Entrada em cena, olhar e observação na prática

Muitas vezes entramos num grupo sem conhecer ninguém; os outros também. Quem está ali? Como amansar seu nervosismo? Como se familiarizar e se entrosar para estabelecer relações?

Sugestões de entrada em cena:

Entre discretamente, vá cumprimentar o responsável ou anfitrião, se houver um, apresentando-se da forma mais breve possível, olhos nos olhos, sorrindo: diga o seu nome, por que você está ali...

Agradeça-lhe: «Obrigado(a) por ter me convidado; eu vim aqui para obter informações etc..»

Exercício

Com calma, procure dentro da cachola fórmulas de apresentação, observe aqueles que estão ou parecem estar à vontade...

Caso o(a) anfitrião(ã) esteja recebendo os convidados:
- Não espere que ninguém apresente você, pois isso raramente acontece. Em vez disso, diga com um sorriso o seu nome: « Eu me chamo Cristina, é a primeira vez que eu venho aqui... »
- Em reuniões onde haja um recepcionista, essa pequena frase simplifica o trabalho dele e deixa você à vontade (cf. mais adiante: atividades para encontrar as fórmulas certas).

Se não houver uma acolhida personalizada, principalmente nos jantares temáticos:
- Antes de se sentar, percorra os olhos pelas pessoas ao redor sem, no entanto, dar uma de enxerido ou espião.
- O lugar que você vai ocupar num grupo é muito importante: conforme a sua escolha, você pode acabar se entediando ou se divertindo. Ele lhe parecerá confortável se você tiver observado bem os potenciais vizinhos (de pé ou sentados).
- E saiba que, em muitas situações, exceto em jantares cerimoniosos, é permitido também trocar de lugar para variar e testar as afinidades.

Quiz

O que querem dizer as seguintes atitudes?
Anote-as antes de olhar embaixo as possíveis respostas e alguns conselhos prévios para abordar alguém.

a) Olhar para cima ....

b) Olhar insistente para você ou para outra pessoa.... ....

c) Olhar fixo no chão, num documento ou nos joelhos... ....

d) Olhar « de lado », fugidio ....

e) Olhar vago, embaçado ....

f) Olhar de frente para você, sem expressão ....

g) Olhar sorridente ....

h) Olhar indiferente ....

i) Olhar entediado ....

Respostas
Suas reações, a quem você deve se dirigir:

a) Sem dúvida constrangido, sem graça, mas também não importuno, talvez sonhador. Observe a atitude dele quando você se aproximar... se você assim desejar.

b) Curiosidade ou atração. Resta saber se você vai temer esse olhar ou se ele dará vontade de se aproximar para descobrir o que ele quer dizer. Se desconfiar dele, pergunte-se o que ele evoca para você, uma lembrança, uma pessoa... Isso permite não julgar o outro, mas sim saber que uma emoção ou sensação no olho envolve em primeiro lugar a nossa história de vida.

c) Sem dúvida um tímido (igual a você?): não quer correr nenhum risco, nem o de se comunicar. Provavelmente se arrependerá depois.

d) Sem graça, vontade de ir embora, talvez pense ter feito uma má escolha indo àquele encontro? É interessante se aproximar dele, dizendo que você também está meio sem graça, criando assim uma solidariedade. Isso sempre descontrai a atmosfera e soque a ambos os interlocutores.

e) Risco nenhum, ele não está vendo ninguém. É um bom meio de passar despercebido.

f) Ele está ou não está me vendo? Vá conferir mais de perto.

g) O que ele está querendo? Ou: eu me sinto bem-vindo(a), é dele que eu quero me aproximar.

h) Perigo nenhum. Eu vou lá.

i) Eu me aproximo para saber por que ele parece estar entediado.

Explicação do exercício

É aí que percebemos que muitos ficam tão sem graça quanto nós ao chegarem sozinhos.

Isso tranquiliza. E é melhor ainda manifestar o nosso constrangimento.

A partida já está ganha quando nos aproximamos dos mais abertos e simpáticos, sem hesitação e antes que um(a) outro(a) chegue primeiro.

Muitos passivos se arrependem depois de terem ficado calados enquanto outro pegava os melhores lugares, a melhor mesa. Não seja como eles.

É uma questão de treino, perspicácia e um pouco de audácia. Viver é ousar...

O exercício anterior permite identificar e melhorar o seu comportamento.

Ele é fácil de colocar em prática, principalmente em jantares temáticos, nos quais você pode se sentar e ficar observando à distância num primeiro momento, antes de escolher um lugar definitivo. O mesmo vale em outros encontros organizados. Frequentemente, durante um coquetel em pé, você tem tempo suficiente para dar uma explorada...

Com um pouco de treino, você seguirá a sua intuição sem, no entanto ficar julgando os seus vizinhos. E, muitas vezes, será uma surpresa descobrir que a abordagem e a conversa deles são o contrário do que você havia pensado...

Cuidado com as preconcepções!

Por que certos indivíduos sempre se colocam perto dos ranzinzas, chatos e pessimistas, pensando que só há esse tipo de gente ao seu redor, enquanto outros estão rindo e se divertindo na mesa ao lado? Cabe a você escolher a sua companhia.

Discernimento se aprende e se aperfeiçoa ao longo das experiências. Vai chegar um momento em que você não vai mais se enganar com seus contatos e escolha de lugar.

X. Abordar desconhecidos num lugar convivial

O seu contato já chegou, você se apresentou, ou então o anfitrião ou organizador o fez por você. Não fique esperando. Não é fácil abordar desconhecidos, nem para você, e nem para os outros.

Aquele ou aquela que ousa chamar a atenção, apresentar-se e sorrir é rapidamente cercad(a).

Observe também as pessoas que logo tomam a iniciativa de conversar e estimular diálogos.

O que elas dizem?

Sobre o que se pode falar quando os interlocutores não se conhecem?

Como despertar interesse nos outros?

Os exercícios anteriores já d(a) prepararam para esse tipo de situação, você tem em mãos uma perfeita caixa de ferramentas para se relacionar.

A atividade a seguir serve para identificar a habilidade de entrar em cena.

Tática de abordagem

Escolha as pequenas frases de introdução e os comentários abaixo que lhe pareçam mais cativantes ou positivos, envolvendo a letra correspondente:

1. a) Quem viu o filme ontem à noite na Globo?
   b) Eu gostaria de saber a sua opinião sobre o final de (cite uma novela que esteja fazendo sucesso ou um filme conhecido).
   c) Eu escutei você falar sobre tal filme. O que você acha dele?
   d) Todo o mundo está falando sobre tal filme, quem quer ir ao cinema comigo?

(Depois de uma atividade realizada em conjunto:)
2. a) Cada um foi embora para sua casa, que chata essa reunião.
   b) Quem quer ir tomar um drinque comigo?
   c) Seria legal se a gente fosse tomar um drinque...
   d) Que tal irmos conversar melhor naquele barzinho ali perto?
   e) Da próxima vez, eu convido vocês para irem lá em casa.

(Durante uma conversa morosa ou um silêncio:)
3. a) Então, eu moro em... ou em tal rua... eu gosto de lá porque...
   b) E você? Onde mora?
   c) Seria legal se a gente trocasse endereços.
   d) Aqui uma folha de papel, eu escrevi nela o meu contato e estou fazendo circular.

(E ulteriormente:)
4. a) Ninguém me ligou. Que saco.
   b) Eu não sei mais onde eu coloquei os números de telefone que me deram.
   c) Não adianta nada ligar para os outros, eles nunca estão disponíveis mesmo.
   d) Para que ligar? Eles é que têm de me ligar.
   e) Que tal se eu der o primeiro passo?

5. a) É sempre assim. Ninguém me convida para nada...

b) Eu chamei oito pessoas, três não vieram. Não vou repetir a experiência.

c) Eu nunca convidarei desconhecidos à minha casa.

d) Eles vão dizer não, com certeza têm mais o que fazer.

e) A minha casa é muito pequena.

f) Custa caro organizar uma festinha em casa.

g) Vou arriscar. Aconteça o que acontecer. Se passarmos um bom momento, depois eu organizo algo novamente. Se eles não quiserem, não sabem o que estarão perdendo!

6. a) Eu arregacei as mangas e preparei tudo, fiquei morto(a) de cansaço e nem consegui participar das conversas.

b) Eu tive que lavar uma montanha de louça depois.

c) Eu só fiquei com vontade de rever duas das pessoas que eu convidei. O que dizer às outras?

d) Eu tive a impressão de que eles não se divertiram.

e) Nada mal para uma primeira vez, e eles até me ajudaram com a louça.

7. a) Por que ninguém nunca me chama para nada?

b) Eu fiz a minha parte convidando-os, agora vou cruzar os braços e ficar esperando algum deles me convidar.

c) Um reencontro? Para quê?

d) Ninguém quis fazer o passeio que eu sugeri.

e) Foi legal, vou repetir a experiência.

f) Foi mais ou menos, vou ver. Pelo menos eu provei para mim mesmo(a) que não era impossível.

8. a) Eu vou ter de cozinhar.

b) Eu nunca teria coragem de pedir para os outros participarem financeiramente.

c) Cada um traz um prato? Melhor fazer um piquenique...

d) E se eles não gostarem de pizza?

e) Eu não sei cozinhar.

f) O importante é se conhecer melhor.

g) Que tal se a gente fizesse umas brincadeiras?

(Respostas p. 35)

Em caso de silêncio...

Se ninguém ousar quebrá-lo, não espere a atmosfera ficar mais pesada. Eu sugiro a introdução mais honesta possível:

TÁ BOM!

ANJO DO SILÊNCIO, XO!

« Não é fácil lançar uma conversa quando a gente não se conhece, né? »

Você ficará surpreso(a) em ver o quanto essa declaração deixa aqueles que não ousavam dizer nada aliviados...

« A gente poderia se apresentar falando sobre aquilo de que gosta... Eu posso começar. »

Em seguida, continue, dizendo o seu nome e profissão, citando uma área de seu interesse e talvez explicando por que veio.

O importante é ser o(a) mais espontâneo(a) possível. É inútil querer um estilo requintado ou ficar pensando demais nas palavras que você vai dizer.

Exclua os assuntos políticos ou religiosos.

O mesmo vale para as últimas notícias do telejornal.

IHH... ACHO QUE EU ACABEI DE ESTRAGAR O CLIMA, NÉ?

Você logo verá os rostos se iluminarem e os participantes lhe agradecerem com um sorriso... Que ótima maneira de achar o seu lugar dentro de um grupo!

Algumas ideias de coisas das quais gostamos e que podem ser compartilhadas:

- Um filme recente que provavelmente tenha sido visto por todos ou quase todos (sem ser filosófico, nem demasiado intelectual, nem pornô, nem desenho animado...).
- Uma viagem ou projeto de viagem com o qual você sonha.
- Um programa de tevê recreativo.

A melhor forma de deixar os outros interessados é se interessando pela sua própria vida, amando-a e deixando isso claro!

Ocupar de modo positivo o seu tempo livre faz parte do bem-viver transmissível aos outros.

Isso permite, ao mesmo tempo, nunca ficar entediado e viver cercado de gente. Os lugares, clubes e associações onde as pessoas podem se conhecer graças às suas afinidades permitem trocar contatos. **A amizade começa com uma troca de cartões de visita.**

Respostas do teste sobre a tática de abordagem:

1. a) Assunto meio impessoal. Imagine se ninguém tiver visto esse filme... Esse tema pode, inclusive, dividir os fãs de seriados, filmes e novelas e, assim, criar um debate. Será que é útil arriscar oposições num primeiro encontro?

b) Com quem você está falando? Trata-se de um grupo, e não de uma conversa particular entre duas pessoas. Quem vai se sentir visado pela pergunta? Essa é uma maneira de provocar silêncio ou excesso de respostas...

c) Idem: perfeitamente adequado a um diálogo em paralelo com alguém, pois valoriza a pessoa cuja opinião você está pedindo.

d) Enérgico, abrindo espaço para um projeto futuro. Permite que alguns manifestem disposição e sociabilidade, e, outros, falta de entusiasmo ou pouca sociabilidade.

2. a) E por que ninguém sugeriu nada? Na busca por amizades, nada acontecerá se cada um ficar esperando que o primeiro passo seja dado pelos outros. Uma pessoa social e entusiasmada sempre toma iniciativas.

b) Impessoal, na maior parte das vezes fica sem resposta.

c) Idem, mas com uma diferença: você dá a ideia manifestando positivamente o seu desejo.

d) Nada mal, mais aberto, indo adiante. Frequentemente fonte de aceitações.

e) Por que não?... Mas por que esperar?

3. a) Tá, e daí? Permite se apresentar, mas com uma mensagem fechada, que, portanto, provavelmente ficará sem resposta.

b) Demasiado pessoal e peremptório.

c) Sim, pode dar certo, mas um pouco tímido demais. A resposta « sim » talvez venha sem suscitar continuidade.

d) Parabéns pela iniciativa. Uma folha de papel deve circular em toda reunião de grupo para as pessoas não se perderem de vista.

4. a) Espera passiva. Veja as coisas de forma positiva: problema deles, continuarão isolados. O silêncio pode decorrer de diversos fatores, e não ser causado necessariamente pela personalidade daquele que tiver tomado a iniciativa. Repita a experiência, pois, para fazer uma dezena de amigos, são necessários vários jantares e encontros antes de começar a selecionar...

b) Isso se chama ato falho. Sem dúvida falta de entusiasmo, autoconfiança insuficiente. (Refaça os testes anteriores).

c) Idem, reflita sobre a sua vontade. Você quer ficar sozinho(a) ou fazer amigos? Não se faz omelete sem quebrar ovos.

d) Boa pergunta.

e) De fato, você pode procurar novamente os outros enviando um cartão ou e-mail bem-bolado às pessoas que você deseja reencontrar: « Gostei de ter conversado com você naquela festa, que foi ótima. Adoraria repetir a experiência. Até breve! »

Se não obtiver nenhuma resposta em dez dias, esqueça e procure outras pessoas para outras atividades conviviais. Você pelo menos tentou com os outros e agora não guarda remorsos.

5. a) Cada um tem suas preocupações e contratempos. Tolerância faz parte da sociabilidade.

b) Excelente, três ausentes de oito convidados é um bom resultado. Sem dúvida, os que faltaram são meio desanimados, não construtivos ou distraídos. Persevere buscando outras pessoas. Um grande entusiasmo vale mais do que jogar a toalha e se arrepender depois.

c) Que pena... Novos amigos são necessariamente desconhecidos no início. Nesse caso, você pode convidá-los para tomar um drinque num barzinho simpático e não muito barulhento. Será menos intrusivo para um primeiro encontro.

d) Mau começo, desvalorização a eliminar. Sim, talvez eles tenham outra coisa para fazer, assim como a gente às vezes também tem. Não há nenhuma razão que justifique pôr em xeque o seu ego por causa disso.

e) Em 50m², eu já vi ótimas reuniões, todo o mundo sentado em almofadas trazidas por cada convidado. Por que complicar a vida quando se pode simplificar? Vale a pena afastar os móveis para vibrar e rir em conjunto.

f) Sempre uma desculpa para permanecer isolado(a). Ainda bem que os pobres têm amigos.

g) Boa ideia!

6. a) Se você estiver se sentindo saturado(a), é bom fazer uma pausa de vez em quando. E também pedir a opinião de certas pessoas. Você não corre risco nenhum ao descobrir os seus erros, no intuito de melhorar.

Lembre-se de que há sempre mais vagões do que locomotivas e de que você pode se congratular por estar dentre estas últimas, puxando os demais. Quando convidamos para uma atividade ou recebemos em casa, é, primeiramente, para si mesmo(a), sem ficar esperando agradecimentos — o essencial é que a festa tenha sido agradável para quem a tiver organizado. Sobretudo, não se force e tenha em mente o seu objetivo. Com frequência, são necessárias várias tentativas antes de um grande sucesso.

b-c) Isso mostra que a reunião não tinha sido pensada, antes de tudo, para agradar a você. Ignoramos os desejos dos outros, mas, em princípio, conhecemos os nossos. Para alguns, é « fazer das tripas coração para agradar aos outros », mesmo correndo o risco de se cansar demais e, então, ser obrigado a dar conta de tudo. Para outros, cultivar relações exige que eles permaneçam simples, sem afetação, dando prioridade a uma atmosfera humana (cf. os exercícios de contato). Um anfitrião que esteja preparando um suflê ou outro prato no qual se deve ficar de olho não consegue ficar à disposição dos convidados e nem interagir de forma social, de modo a lançar « bons » assuntos de conversa, deixando cada um se expressar e reanimar alegremente um clima que esteja perdendo o fôlego. Portanto, prepare receitas leves e fáceis, tipo petiscos consistentes ou um bufê sentado, que não impeçam os gulosos de comerem à vontade e que evitem ficar trocando os pratos constantemente.

c) Duas pessoas « interessantes » (e, portanto, dignas de serem chamadas novamente) de oito ou dez convidados é um bom resultado. Basta repetir a experiência sem pressa: uma vez por mês, além de outras atividades, deve ser suficiente.

d) Se você tiver passado um bom momento e eles não tiverem ido embora logo após a sobremesa, deu tudo certo. A não ser que tenha participado algum sujeito mal-educado, o qual você terá de evitar no futuro. Porém, mais uma vez, cuidado com a falta de autoconfiança. Em geral, esse tipo de iniciativa é bem-vinda e admirada por aqueles que têm medo de organizar alguma coisa, mesmo que eles não se manifestem depois...

e) Muito bem, já está no papo!

7. a) Novamente o problema da locomotiva e dos vagões... As pessoas que decidem criar seu círculo social são mais felizes do que as que ficam esperando tudo dos outros.

   b) Por que não? Mas é uma pena... Você também pode ligar para os mais simpáticos e dizer: « Seria legal fazer uma festa na sua casa também ». Resposta não garantida, mas ainda assim é melhor dizê-lo...

   c) Então, más lembranças da festa? Ou preguiça de continuar alçando voo?
   Nós ficamos com a solidão que criamos e com os amigos que fazemos. Você também pode arrumar um « parceiro-vagão » ou copiloto para dividir a organização.

   d) Muitos reclamam de solidão sem se mexerem... e depois se arrependem amargamente. Fique contente em não ser igual a eles e dê uma festa de preparação a uma caminhada, por exemplo, convidando uma lista maior de « amigos potenciais » ou os encontrando num clube respectivo...

   e) Ótima reação positiva, a qual você pode completar com a opinião dos participantes.

   f) Bela reação também, pois se trata de um exercício e, portanto, de progredir, parabenizando-se a cada vez que você tomar uma iniciativa.

8. a) E a ideia do bufê? Um festival de massas, risos em torno de uma mesa de frios, saladas, queijos e frutas podem ser bem legais.

b) Que pena, porque isso virou muito comum. É inútil dar uma de Tio Patinhas, dinheiro não tem nada a ver com amizade. Também é lisonjeiro propor que cada um traga o seu prato preferido enquanto você se encarrega das bebidas e sobremesas...

c) Por que não? Quer coisa melhor quando o tempo está bom?

d) É raro. Isso é desculpa: preveja uma segunda opção ou pergunte antes.

e) Que ótimo! Ninguém está pedindo para você colocar a barriga no fogão, mas sim instaurar uma atmosfera superconvivial.

f) Isso mesmo.

g) Sim, veja o teste do bom amigo, p. 41.

Parabéns, você entendeu o que é essencial para um bom começo de amizades.

É bom refazer esse exercício antes de cada encontro que lhe pareça delicado.

Pouco a pouco, as frases virão naturalmente, e todos vão admirar a sua desenvoltura...

« A única maneira de ter bons amigos é sendo amigo. »

Emerson

XI. Será que você é um(a) bom(a) amigo(a)?
(Responda com espontaneidade e franqueza)

Após ter preparado a sua entrada em cena e estabelecido seus primeiros contatos, chegou a hora de colocar tudo em prática e estudar os tipos de situação possíveis, a fim de cultivar boas relações e evitar as ruins.

As situações mais comuns numa vida cheia de relações são consideradas aqui.

A sua maneira de reagir vai determinar se a sua vida social será harmoniosa ou complicada. Agora é com você... (duas respostas possíveis por item).

Teste do bom amigo

A. Você está assistindo televisão, e o telefone toca:
1) Que saco, não vou atender.
2) Vou deixar cair na secretária, mais tarde eu vejo.
3) Vou dar uma olhada na bina, nunca se sabe.
4) Eu atendo, talvez seja uma emergência.
5) Eu atendo só para dizer que eu ligo de volta mais tarde.

B. Convite para um jantar
1) Eu pergunto quem vai...
2) Eu agradeço com prazer.
3) Vou precisar inventar outro pretexto.
4) Prefiro jantares íntimos, fico sem graça num grupo de desconhecidos.
5) Vou perguntar se há problema se eu não for.

C. **Pedido de favores**
   1) Por que sempre eu? Não podem pedir para outra pessoa?
   2) É a terceira vez. Chega, vou recusar.
   3) "Tá", mas eles também vão ter de tomar conta dos meus filhos um dia desses.
   4) Eu não posso, mas vou encontrar outra solução para eles.
   5) Sempre à disposição em caso de emergência.

D. **Alguém aparece sem avisar**
   1) É muita cara de pau. Já estou vendo que vou ficar emburrado(a)...
   2) Recusa: desculpe, mas estou doente.
   3) Não mesmo, sempre peço que me avisem antes.
   4) Talvez seja um problema urgente, vou lá ver.
   5) Não tem nada na geladeira, mas podemos comer umas pizzas ali na esquina.
   6) Legal, vamos sair para fazer umas compras juntos.

E. **A filha de um(a) amigo(a) vai se casar**
   1) Não tenho roupa para ir ao casamento.
   2) Detesto casamentos, vou arrumar um pretexto.
   3) Vou explicar que eu prefiro vê-los uma outra vez, de forma mais íntima.
   4) Bacana, uma oportunidade de festejar!
   5) Ela deseja felicidade e amor para a filha há tanto tempo, né... Fico contente por ela, vou lhe dizer isso.
   6) Não sou obrigado(a) a ir ao casamento, mas vou imaginar uma linda resposta e comprar um presente.

F. **Um(uma) amigo(a) seu(sua) não quer viajar sozinho(a) e liga para você**
   1) Para onde, como e quanto vai custar?
   2) Com certeza não temos os mesmos comportamentos de viagem, vamos ter de discutir sobre o assunto antes. Cansativo.

3) Por que não? Mas em quartos separados.
4) Não temos os mesmos gostos, vou ter de ficar acompanhando-o(a) a tudo quanto é lugar. Férias estragadas.
5) Três dias, tudo bem. Mais do que isso, risco de conflitos...
6) Boa ideia, mas temos de negociar antes para cada um ficar satisfeito.
7) Vontade nenhuma de ser um tapa-solidão.

G. **Amigo(a) sendo processado(a), pedido de depoimento**
1) Não quero me envolver.
2) Arriscado demais, ele(a) talvez tenha feito uma grande besteira.
3) Vou conversar com ele(a).
4) Eu confio inteiramente nele(a), vou depor.
5) E se acontecesse comigo?

H. **Amigo(a) doente**
1) Talvez seja grave, vou correndo.
2) Primeiro eu telefono para saber mais detalhes e depois eu vejo o que faço.
3) É a família dele(a) que deve cuidar disso, não eu.
4) Vou ver com o(a) filho(a) dele(a).
5) Devemos nos unir para ajudá-lo(a), vou ligar para os nossos outros amigos.

Respostas do teste do bom amigo

O que você gostaria que fizessem por você? Esse é o segredo.
Em cada caso, eu coloquei duas respostas possíveis, cada uma respeitando ambos os interlocutores.

A. Sem dúvida, você deveria pelo menos olhar a bina para ver quem é ou então resposta número 5.

B. Agradecer e ir ao jantar é tudo o que se pode esperar de um amigo. Senão, resposta número 4 com toda franqueza ou desculpa verdadeira e legítima.

C. Dizer sinceramente que você não pode e encontrar uma solução ou então dizer sim — isso é o que se espera de um bom amigo.

D. Se você não tiver dito que sempre devem avisar antes de aparecerem na sua casa, agora não adianta chorar pelo leite derramado: deixe isso claro para a próxima vez. Você também pode dizer que está ocupado(a) no momento, o que é verdade... na sua cabeça.

E. Parabéns para quem gosta de festejar, senão resposta número 5 e/ou número 6.

F. Resposta número 3 ou número 6, sabendo que um(a) verdadeiro(a) amigo(a) bem selecionado(a) nunca vai ser um fardo em alguns dias de férias...

G. Resposta número 3 ou número 5, depois de uma conversa com toda franqueza sobre a situação.

H. A resposta número 5 seria a melhor para todos e, sem dúvida, a mais sensata para decidir que comportamento adotar.
Resposta número 2... por que não? Dependendo da situação (hospital ou domicílio).

Conclusão do exercício

A amizade (assim como o amor) é um sentimento recíproco ou não, mas cada indivíduo tem um direito de escolha – por isso, são possíveis várias respostas, além daquelas que você pode encontrar, contanto que ainda assim haja confiança e respeito. Você também pode imaginar outras situações e respostas, sempre buscando ter jogo de cintura com os seus novos amigos...

O importante é que você próprio(a) sinta que a sua atitude estava « certa » no sentido em que ela lhe convenha e você não guarde nenhuma culpa, nem remorso e nem amargura, depois de ter reagido à situação. É bom pensar duas vezes antes de tomar uma decisão, dar uma opinião ou entrar em ação. Leve o tempo que você precisar - se ainda não estiver pronto(a), diga que vai refletir sobre o caso, não existe nada pior do que a pressa.

Porém, não esqueça que nada é definitivo e que você pode, em última instância, corrigir e modificar a sua atitude mais tarde, pedindo desculpas caso contrário.

Sem deixar de lado: Os ingredientes da amizade

Uma confiança recíproca que seja posta à prova nos primeiros meses, o que significa poder dizer tudo sem nunca ser julgado e vice-versa. Seja qual for a conversa, tome cuidado com o jeito de dizer as coisas.

Diga: « eu não gostei de tal filme », em vez de « aquele filme é uma porcaria », o que poderia desvalorizar aqueles

que gostaram dele. Diga: « não consigo achar bonita essa nova moda », em vez de « essa nova moda é ridícula » a alguém que a esteja seguindo.

Evite generalizações do tipo « todos os jovens são... »
Demonstre que você está aberta(a) a outras opiniões.

Aceitar as diferenças: não se pode ter os mesmos gostos para tudo. Mesmo depois de dar prioridade aos seus valores essenciais – o que pode prejudicar certas relações –, ainda haverá pessoas levando uma vida diferente da sua. **As diferenças enriquecem e podem ser complementares, pois não deixam você ficar com a cabeça fechada. Escute-as.**

XII. Os convites dos outros

Você então estabeleceu contatos. Vários encontros que deram certo lhe permitiram alimentar o seu repertório de conhecidos. Você inclusive já organizou reuniões com eles, participou de grupos e, é claro, deu o seu telefone para os mais simpáticos.

Como você é animada(a) e tem autoconfiança, eles, por sua vez, vão entrar em contato e convidá-la(a) para atividades e projetos.

Aqui, mais uma vez, é importante dar a resposta « certa », para ficar à vontade e em harmonia com os outros, mesmo que o convite deles não lhe convenha. Sempre existe um jeito de recusar com respeito e se fazer ouvir. Dizer « sim » quando está pensando « não » talvez coloque

*você numa saia justa mais tarde, e comprometa instantes feitos
para serem felizes e vividos juntos.*

Exercício

Pode ser que, num novo grupo, alguém faça um convite ou telefone a fim de chamar você para sair.
Essas propostas são bem-vindas para quem já está ficando de-
sesperado às vésperas de um final de semana solitário.

Suas reações a convites. Várias possibilidades:
1. O convite não o(a) interessa nem um pouco.
2. Hum, na verdade não estou com vontade de sair.
3. Por que não? É melhor do que ficar em casa.
4. Quem sabe eu não vou só por curiosidade?
5. É bem a minha praia, obrigado(a), já estou lá!

Reações que respeitam a sua escolha sem magoar o outro.
Respostas possíveis:
1-2.
   a) Muito obrigado(a). É muita gentileza
      ter-se lembrado de mim. Posso ligar
      para você mais tarde?
   b) Estou muito ocupado(a) nesse momento.
   c) Meu filho vem me visitar / Estou
      doente. Que pena!
   d) Seria um prazer, mas... (dê vagos
      pretextos).
   e) Eu ficaria tão contente em me
      encontrar com você, mas numa outra ocasião. Que tal
      se a gente...

3-4.
   a) Onde vai ser? Com quem?
   b) Tem que pagar?
   c) Vamos ver, se o tempo estiver bom...
   d) Não sei se vou estar livre.
   e) Eu lhe falo no dia.
   f) Não sei ainda, mas acho que vai me fazer bem.
      Obrigado(a).

5.
   a) Ótima ideia, a gente se encontra onde e quando?
   b) A gente pode ir lá para casa depois.
   c) Seria uma boa maneira de se conhecer melhor.
   d) Eu posso ajudar você a telefonar para mais gente.

Comentários

É importante ser honesto(a) consigo mesmo(a) e com os outros, senão você corre o risco de ser desmascarado(a) e criar desconfiança numa próxima vez.

Assim, as melhores respostas seriam:
   1-2 = e
   3-4 = a ou f
   5 = todas são boas, contanto que você esteja sendo sincero(a)

Saber dizer e treinar dizer em todas as situações:
— Adorei, agradecendo: « Boa ideia! »
— Obrigado(a) por ter se lembrado de mim, mas, na verdade, esse programa não é muito a minha praia. A gente se liga para combinar outra coisa, tá?
— Não sei, mas vou pensar e em breve lhe dou uma resposta.

Pergunte se os lugares são limitados e não deixe aqueles que fizeram o convite ficarem esperando tempo demais.
Seja a sua resposta qual for, deve respeitar os outros.

Tudo isso simplifica a sua vida e a dos seus amigos, além de fazer com que você seja visto(a) como uma pessoa franca e clara.
Você também pode se colocar no lugar dos outros e imaginar o quanto é complicado e chato lidar com confusos e eternos indecisos.
Esse exercício é bom para todos aqueles que têm dificuldade em dizer sim ou não, mantendo o respeito pelos outros. É aconselhável treinar um jeito calmo e sincero de responder, seja qual for a sua decisão. Seja claro(a) e justo(a).

Observe também de quem vem o convite:

Certas pessoas vão pular de alegria ao serem chamadas para uma atividade que elas estavam esperando há muito tempo.

Para aquelas que, surpresas ou complexadas, talvez se perguntem por que receberam tal convite, vou propor algumas pistas para reflexão antes de aceitar ou não.

Cuidado: embora certas reações possam se mostrar fundamentadas e sinceras, outras talvez se revelem como pretextos para evitar ou impedir oportunidades de encontros.

Qual é o meu sentimento com relação à pessoa que fez o convite:
- Simpatia, dúvida, preocupação quanto à sua aparência e/ou comportamento.
- Admiração, atração física.
- Não me sinto à sua altura.
- Por que eu?
- Desconfiança.
- Rápido demais para mim, não estou com pressa.
- Vontade de conhecê-la melhor.
- Repulsa, impossibilidade.

As respostas devem permitir saber de quem você tem vontade de se aproximar e por que, mas sobretudo por que você fica reticente e sente aversão a algumas pessoas.

A maioria das nossas reações nos primeiros encontros é determinada por prejulgamentos oriundos da nossa história de vida e de outros encontros que não deram certo há muito tempo atrás. É bom guardar isso em mente para superá-los e ir dar uma olhada mais de perto, sem ficar fazendo comparações.

Quando revemos certos homens ou mulheres que nos passaram uma primeira impressão ruim, muitas vezes ficamos surpresos com a diferença entre a nossa avaliação inicial e a realidade.

Se, ao passar dos encontros, o número de pessoas de quem você não tiver gostado for bem maior do que o de pessoas que lhe tiverem agradado, será útil descobrir se não é por causa de antigos bloqueios e, se for o caso, tratá-los pedindo ajuda a terceiros.

XIII. Criar e manter uma atmosfera convivial

A. Brincadeira da comunicação « para passar um bom momento antiestresse »

Encontro entre pessoas que não se conhecem inicialmente

Após apresentações descontraídas, distribua um cartão ou uma etiqueta adesiva para os participantes escreverem: 1) seu nome e a forma como se definem, 2) aquilo de que gostam.

Você pode prever uma lista de características para eles escolherem:

— Romântico
— Esportista
— Amante da natureza
— Amigo dos animais
— Guloso/*gourmet*
— Apaixonado por música
— Poeta
— Intelectual
— Artista
— Criativo
  etc.

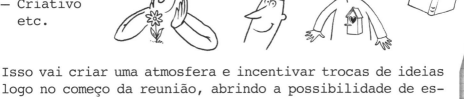

Isso vai criar uma atmosfera e incentivar trocas de ideias logo no começo da reunião, abrindo a possibilidade de escolher os lugares conforme os gostos dos convidados.

Os participantes podem ter mais liberdade para falar sobre aquilo de que gostam na vida, citando, por exemplo, um filme, um livro, uma viagem...

B. Brincadeira da distância certa

Peça para os participantes abrirem um espaço de no mínimo cinco metros entre si. Depois do jantar (durante o qual os convidados se conheceram melhor oralmente):

Eles devem formar duplas, face a face, olhando-se mutuamente nos olhos. Um fica parado enquanto o outro se aproxima lentamente. Aquele que não se mexe deve fazer um gesto com a mão quando achar que a distância não lhe convém mais, por ser demasiado curta.
É interessante fazer com que cada um descubra sua capacidade de se aproximar e a reação de respeito dos outros.

Constatação: Há pessoas que você deixa entrar no seu jardim, outras, na sua casa, e outras, na sua vida íntima. Tudo isso, é claro, sem nenhum juízo de valor.

Para aquele que está esperando o outro (parado), trata-se de testar sua capacidade ou seus medos de deixar os outros se aproximarem.
É interessante conversar sobre o assunto depois para evitar qualquer confusão e eliminar os temores.
Essa brincadeira à vezes leva alguns participantes a caírem nos braços uns dos outros...

C. Teste recapitulativo
As etapas... desde o encontro até a vida social e amigável

Na próxima página, organize os quadrinhos na ordem certa.

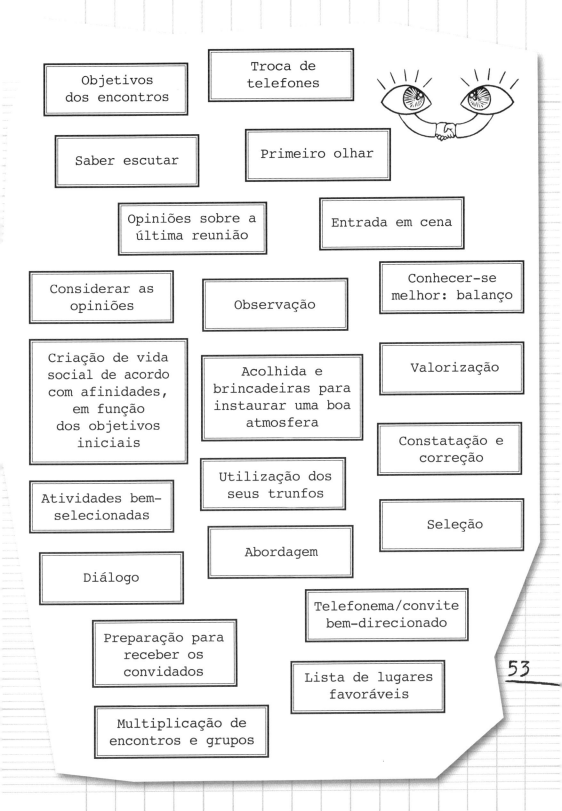

Relações privilegiadas

Algumas das relações que você tiver estabelecido lhe parecerão, à medida que os encontros forem se repetindo, propensas a se tornarem verdadeiras amizades, reunindo todos os elementos citados anteriormente, com muitos pontos em comum e alegrias compartilhadas.

> **« Amizade é quando duas pessoas se conhecem bem e, mesmo assim, gostam uma da outra. »**

Além de um círculo social indispensável a qualquer vida equilibrada, surgem em nossa vida indivíduos que, às vezes, chamamos de **verdadeiros amigos** (como se os outros fossem falsos).

Como essas amizades às vezes só se consolidam depois de vários anos (assim como o amor), o ideal é quando elas comportam as seguintes vantagens:

- **Valores essenciais em comum**: O sentido que ambos dão à vida e as perspectivas que têm.

- **Confiança**: poder dizer tudo sem ser julgado e sem que os seus segredos sejam revelados para outras pessoas.

- **Aceitação das diferenças:** Liberdade de agir e de pensar; você pode não concordar em tudo, mas conversar sobre isso, trocar ideias e se enriquecer com os conhecimentos da outra pessoa. Sentimentos positivos devem permitir que ambos os amigos **e a relação de amizade** prosperem e caminhem na direção certa, impedindo-os de se fecharem.

- **Prazer em fazer coisas juntos, harmonia.**

- **Comunicação aberta:** Constrangimentos e obstáculos sempre devem ser evocados a tempo para buscar uma solução em conjunto.

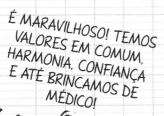

Encontramos os mesmos elementos no verdadeiro amor em longo prazo, que também leva vários anos para se construir, sabendo que o amor inclui, como acessório, o desejo físico, a sensualidade compartilhada e o prazer sexual.

Parabéns!

Autoconfiança, primeiros contatos, preparação, pedidos, convites e respostas, diferentes situações... Você já registrou o máximo de informações para instaurar a sua vida social. Você então as testou, aplicou e praticou.

Você estabeleceu muitos contatos, fez um balanço, escolheu aqueles que lhe convinham e tomou distância dos outros com respeito.

Em alguns meses, o seu círculo convivial se construiu. Não deixe de cultivá-lo atenciosamente. Ele pode mudar, evoluir ou estagnar. Embora certos amigos se afastem por diversas razões, novos encontros permitirão mantê-lo cheio de vida.

E não esqueça que você tem aliados, companheiros práticos a quem recorrer para facilitar o seu caminho.

XIV. A caixa de ferramentas do perfeito « comunicante »

Uma mensagem de SECRETÁRIA ELETRÔNICA *acolhedora no seu telefone fixo e celular (mas não provocante) para deixar os interlocutores com vontade de deixar uma mensagem. Veja alguns exemplos que você pode completar:*

Engraçada

« Espero que você não faça parte dos 10% que não deixam mensagem na secretária... »

Cautelosa

« Desculpe por não estar em casa... Será um prazer ligar de volta para você assim que possível. Deixe seu nome e telefone, por favor... »

« BIP » AQUI É A SECRETÁRIA. NÃO PENSE EM DESLIGAR! SE EU NÃO TIVER A MINHA QUOTA DIÁRIA DE MENSAGENS, VOU SER DEMITIDO(A). ENTÃO, DEIXE PELO MENOS UMA PEQUENININHA! OBRIGADO(A)!
« BIP »

Acolhedor

« Que alegria eu vou sentir quando voltar para casa e escutar a sua voz aqui... »

....
....
....
....

Uma agenda telefônica, que você sempre vai carregar, independente da sua agenda profissional, para lazeres, festas e finais de semana.

Cartões de visita ao alcance das mãos, que você pode editar por si mesma(o) em websites, acrescentando um logotipo que tenha a ver com a sua personalidade (tem para todos os gostos: humor, poesia, música etc.). O seu computador pode fazer coisas bem bonitas.

AQUI O MEU CARTÃO! UM CURINGA IMPORTANTE NO JOGO DA NOSSA RELAÇÃO. UM CARTÃO-CHAVE!

Num primeiro momento, bastam um logotipo, o nome, um e-mail e um telefone (não precisa endereço) para permitir que os contatos de uma festa saibam como encontrar você. Senão... você já está perdendo possíveis futuros amigos.

Deixe a desconfiança de lado, pois com ela não é possível fazer nada, mas permaneça prudente: peça para o seu nome ser retirado da lista telefônica se você der o seu telefone fixo.

O celular já virou tão comum que o número pode ser divulgado sem problema, mas tome cuidado, pois isso pode parecer suspeito, já que facilita a vida libertina de certos homens e mulheres comprometidos que estejam buscando diversão.

Em certos casos, é bom pedir e dar o telefone fixo num segundo momento da relação, quando você sentir mais confiança.

A INTERNET é uma excelente ferramenta de comunicação para quem souber utilizá-la: você pode ler regularmente as notícias e conhecer pessoas novas em sites de amizade gratuitos e nas redes sociais em geral. As pessoas inscritas talvez combinem de ir visitar um museu, fazer uma caminhada ou sair para um jantar convivial. Reservatório cada vez mais denso de possíveis relações, nela dá para encontrar desconhecidos simpáticos e, às vezes, fascinantes que sem dúvida não encontraríamos em outros lugares mais convencionais. Navegue na rede com prudência e muito discernimento e intuição (cf. o método no site: **http://celibinfos.monsite.wanadoo.fr**).

E não esqueça que você pode acessar a internet por um preço razoável em inúmeros cibercafés.

Aprenda a linguagem dos SMS, *importantes principalmente quando se quer respeitar o silêncio de um lugar público (transportes coletivos, restaurantes).*

Sem esquecer a linguagem SMS:

BLZ, TB, VC, KKK, QDO, BJS ETC.

Resolução

Arrumar essas ferramentas, treinar uma boa apresentação na secretária e na caixa postal: gravar várias mensagens num gravador e testá-las com os amigos/amigas antes de escolher a melhor, modificá-las de vez em quando. Falar sobre o assunto ao meu redor para estimular ideias, propostas, aperfeiçoar as estratégias... Isso pode até virar uma brincadeira a mais entre novas relações.

Para reforçar as suas resoluções, tenha o prazer de ler e suscitar diálogos a partir das citações da próxima página.

Família se herda, amigos se escolhem.

Não confunda amizade com necessidade de confidências.
Erik Orsenna

Amizade é o amor sem asas.
George Byron

A amizade não exige nada em troca, apenas cuidados.
Georges Brassens

O tempo fortalece as amizades e enfraquece o amor.
La Bruyère

A única maneira de ter um amigo é sendo amigo.
Ralph Waldo Emerson

Quem negligencia os sinais da amizade acaba perdendo esse sentimento.
Shakespeare

Conclusão

Eu acho que consegui dar um panorama de tudo o que pode ajudar você a construir um círculo convivial, de amizades e algo mais, se houver atração física.

As brincadeiras apresentadas aqui já foram testadas em workshops que eu organizei e ao longo da minha carreira de coach: **http://celibinfos.monsite.wanadoo.fr**

Não hesite em refazer os exercícios antes de um encontro ou uma atividade que ainda lhe pareçam difíceis. Uma vez que você tiver listado tudo o que lhe dá prazer, procure apenas aquilo de que gosta. Sair somente para não ficar sozinho em casa quase sempre acaba em fiasco.

A solidão não é uma fatalidade. Nós temos aquela que criamos, assim como temos também os amigos que fazemos. Cada um de nós se encontra ou se encontrará numa situação que o afasta ou afastará das suas pessoas mais chegadas. Eu conheço muitos que rapidamente criam um círculo social. E não necessariamente dentre suas relações profissionais.

Mais vale conhecer pessoas em atividades de lazer, pois as conversas giram em torno de algo diferente de trabalho.

Porém, certos indivíduos também precisam de momentos de solidão. O importante é escolher, conforme suas necessidades, uma porcentagem de tempo convivial e uma porcentagem de tempo solo, que é a melhor maneira de descansar e fazer um balanço. No entanto, embora possamos viver sozinhos, não podemos viver isolados.

Agora é a sua vez de entrar no jogo - a sua vida é aquilo que você faz com ela. O círculo social que você vai construir lhe agradecerá.

Odile Lamourère
odile.lamourere@wanadoo.fr

Coleção Praticando o Bem-estar
Selecione sua próxima leitura

- ❏ Caderno de exercícios para aprender a ser feliz
- ❏ Caderno de exercícios para saber desapegar-se
- ❏ Caderno de exercícios para aumentar a autoestima
- ❏ Caderno de exercícios para superar as crises
- ❏ Caderno de exercícios para descobrir os seus talentos ocultos
- ❏ Caderno de exercícios de meditação no cotidiano
- ❏ Caderno de exercícios para ficar zen em um mundo agitado
- ❏ Caderno de exercícios de inteligência emocional
- ❏ Caderno de exercícios para cuidar de si mesmo
- ❏ Caderno de exercícios para cultivar a alegria de viver no cotidiano
- ❏ Caderno de exercícios e dicas para fazer amigos e ampliar suas relações
- ❏ Caderno de exercícios para desacelerar quando tudo vai rápido demais
- ❏ Caderno de exercícios para aprender a amar-se, amar e – por que não? – ser amado(a)
- ❏ Caderno de exercícios para ousar realizar seus sonhos
- ❏ Caderno de exercícios para saber maravilhar-se
- ❏ Caderno de exercícios para ver tudo cor-de-rosa
- ❏ Caderno de exercícios para se afirmar e – enfim – ousar dizer não
- ❏ Caderno de exercícios para viver sua raiva de forma positiva
- ❏ Caderno de exercícios para se desvencilhar de tudo o que é inútil
- ❏ Caderno de exercícios de simplicidade feliz
- ❏ Caderno de exercícios para viver livre e parar de se culpar
- ❏ Caderno de exercícios dos fabulosos poderes da generosidade
- ❏ Caderno de exercícios para aceitar seu próprio corpo
- ❏ Caderno de exercícios de gratidão
- ❏ Caderno de exercícios para evoluir graças às pessoas difíceis
- ❏ Caderno de exercícios de atenção plena
- ❏ Caderno de exercícios para fazer casais felizes
- ❏ Caderno de exercícios para aliviar as feridas do coração
- ❏ Caderno de exercícios de comunicação não verbal
- ❏ Caderno de exercícios para se organizar melhor e viver sem estresse
- ❏ Caderno de exercícios de eficácia pessoal
- ❏ Caderno de exercícios para ousar mudar a sua vida
- ❏ Caderno de exercícios para praticar a lei da atração
- ❏ Caderno de exercícios para gestão de conflitos
- ❏ Caderno de exercícios do perdão segundo o Ho'oponopono
- ❏ Caderno de exercícios para atrair felicidade e sucesso
- ❏ Caderno de exercícios de Psicologia Positiva